"THE FUTURE BELONGS TO THOSE WHO PREPARE FOR IT TODAY."

-Malcolm X

YEAR:

JANUARY	FEBRUARY	MARCH
APRIL	MAY	JUNE
JULY	AUGUST	SEPTEMBER
OCTOBER	NOVEMBER	DECEMBER

WIN THE DAY   Today is:

Time		Priorities:
05:00		
05:30		
06:00		
06:30		
7:00		
7:30		
8:00		
8:30		
9:00		
10:00		
11:00		
12:00		
1:00		
2:00		
3:00		
4:00		
5:00		*Notes*
5:30		
6:00		
6:30		
7:00		
7:30		
8:00		
8:30		
9:00		
PLAN		
FOR		
NEXT		
DAY		

WIN THE DAY   Today is:

	Priorities:
05:00	
05:30	
06:00	
06:30	
7:00	
7:30	
8:00	
8:30	
9:00	
10:00	
11:00	
12:00	
1:00	
2:00	
3:00	
4:00	
5:00	*Notes*
5:30	
6:00	
6:30	
7:00	
7:30	
8:00	
8:30	
9:00	
PLAN	
FOR	
NEXT	
DAY	

WIN THE DAY   Today is:

Priorities:

05:00

05:30

06:00

06:30

7:00

7:30

8:00

8:30

9:00

10:00

11:00

12:00

1:00

2:00

3:00

4:00

5:00

5:30

6:00

6:30

7:00

7:30

8:00

8:30

9:00

PLAN

FOR

NEXT

DAY

Notes

WIN THE DAY   Today is:

05:00

05:30

06:00

06:30

7:00

7:30

8:00

8:30

9:00

10:00

11:00

12:00

1:00

2:00

3:00

4:00

5:00

5:30

6:00

6:30

7:00

7:30

8:00

8:30

9:00

PLAN

FOR

NEXT

DAY

Priorities:

Notes

WIN THE DAY   Today is:

	Priorities:
05:00	
05:30	
06:00	
06:30	
7:00	
7:30	
8:00	
8:30	
9:00	
10:00	
11:00	
12:00	
1:00	
2:00	
3:00	
4:00	
5:00	*Notes*
5:30	
6:00	
6:30	
7:00	
7:30	
8:00	
8:30	
9:00	
PLAN	
FOR	
NEXT	
DAY	

WIN THE DAY   Today is:

05:00	*Priorities:*
05:30	
06:00	
06:30	
7:00	
7:30	
8:00	
8:30	
9:00	
10:00	
11:00	
12:00	
1:00	
2:00	
3:00	
4:00	
5:00	*Notes*
5:30	
6:00	
6:30	
7:00	
7:30	
8:00	
8:30	
9:00	
PLAN	
FOR	
NEXT	
DAY	

WIN THE DAY Today is:

05:00

05:30

06:00

06:30

7:00

7:30

8:00

8:30

9:00

10:00

11:00

12:00

1:00

2:00

3:00

4:00

5:00

5:30

6:00

6:30

7:00

7:30

8:00

8:30

9:00

PLAN

FOR

NEXT

DAY

Priorities:

Notes

WIN THE DAY Today is:

05:00

05:30

06:00

06:30

7:00

7:30

8:00

8:30

9:00

10:00

11:00

12:00

1:00

2:00

3:00

4:00

5:00

5:30

6:00

6:30

7:00

7:30

8:00

8:30

9:00

PLAN

FOR

NEXT

DAY

Priorities:

Notes

WIN THE DAY   Today is:

Priorities:

05:00

05:30

06:00

06:30

7:00

7:30

8:00

8:30

9:00

10:00

11:00

12:00

1:00

2:00

3:00

4:00

5:00

5:30

6:00

6:30

7:00

7:30

8:00

8:30

9:00

PLAN

FOR

NEXT

DAY

Notes

WIN THE DAY Today is:

	Priorities:
05:00	
05:30	
06:00	
06:30	
7:00	
7:30	
8:00	
8:30	
9:00	
10:00	
11:00	
12:00	
1:00	
2:00	
3:00	
4:00	
5:00	*Notes*
5:30	
6:00	
6:30	
7:00	
7:30	
8:00	
8:30	
9:00	
PLAN	
FOR	
NEXT	
DAY	

WIN THE DAY Today is:

05:00	*Priorities:*
05:30	
06:00	
06:30	
7:00	
7:30	
8:00	
8:30	
9:00	
10:00	
11:00	
12:00	
1:00	
2:00	
3:00	
4:00	
5:00	*Notes*
5:30	
6:00	
6:30	
7:00	
7:30	
8:00	
8:30	
9:00	
PLAN	
FOR	
NEXT	
DAY	

WIN THE DAY   Today is:

	Priorities:
05:00	
05:30	
06:00	
06:30	
7:00	
7:30	
8:00	
8:30	
9:00	
10:00	
11:00	
12:00	
1:00	
2:00	
3:00	
4:00	
5:00	*Notes*
5:30	
6:00	
6:30	
7:00	
7:30	
8:00	
8:30	
9:00	
PLAN	
FOR	
NEXT	
DAY	

WIN THE DAY   Today is:

05:00

05:30

06:00

06:30

7:00

7:30

8:00

8:30

9:00

10:00

11:00

12:00

1:00

2:00

3:00

4:00

5:00

5:30

6:00

6:30

7:00

7:30

8:00

8:30

9:00

PLAN

FOR

NEXT

DAY

Priorities:

Notes

WIN THE DAY Today is:

	Priorities:
05:00	
05:30	
06:00	
06:30	
7:00	
7:30	
8:00	
8:30	
9:00	
10:00	
11:00	
12:00	
1:00	
2:00	
3:00	
4:00	
5:00	
5:30	
6:00	
6:30	
7:00	
7:30	
8:00	
8:30	
9:00	

Notes

PLAN

FOR

NEXT

DAY

WIN THE DAY Today is:

05:00

05:30

06:00

06:30

7:00

7:30

8:00

8:30

9:00

10:00

11:00

12:00

1:00

2:00

3:00

4:00

5:00

5:30

6:00

6:30

7:00

7:30

8:00

8:30

9:00

PLAN

FOR

NEXT

DAY

Priorities:

Notes

WIN THE DAY   Today is:

05:00

05:30

06:00

06:30

7:00

7:30

8:00

8:30

9:00

10:00

11:00

12:00

1:00

2:00

3:00

4:00

5:00

5:30

6:00

6:30

7:00

7:30

8:00

8:30

9:00

PLAN

FOR

NEXT

DAY

Priorities:

Notes

WIN THE DAY   Today is:

	Priorities:
05:00	
05:30	
06:00	
06:30	
7:00	
7:30	
8:00	
8:30	
9:00	
10:00	
11:00	
12:00	
1:00	
2:00	
3:00	
4:00	
5:00	
5:30	*Notes*
6:00	
6:30	
7:00	
7:30	
8:00	
8:30	
9:00	
PLAN	
FOR	
NEXT	
DAY	

WIN THE DAY Today is:

Priorities:

05:00

05:30

06:00

06:30

7:00

7:30

8:00

8:30

9:00

10:00

11:00

12:00

1:00

2:00

3:00

4:00

5:00

5:30

6:00

6:30

7:00

7:30

8:00

8:30

9:00

PLAN

FOR

NEXT

DAY

Notes

WIN THE DAY   Today is:

Time		Priorities:
05:00		
05:30		
06:00		
06:30		
7:00		
7:30		
8:00		
8:30		
9:00		
10:00		
11:00		
12:00		
1:00		
2:00		
3:00		
4:00		
5:00		*Notes*
5:30		
6:00		
6:30		
7:00		
7:30		
8:00		
8:30		
9:00		
PLAN		
FOR		
NEXT		
DAY		

WIN THE DAY   Today is:

	Priorities:
05:00	
05:30	
06:00	
06:30	
7:00	
7:30	
8:00	
8:30	
9:00	
10:00	
11:00	
12:00	
1:00	
2:00	
3:00	
4:00	
5:00	*Notes*
5:30	
6:00	
6:30	
7:00	
7:30	
8:00	
8:30	
9:00	
PLAN	
FOR	
NEXT	
DAY	

WIN THE DAY Today is:

	Priorities:
05:00	
05:30	
06:00	
06:30	
7:00	
7:30	
8:00	
8:30	
9:00	
10:00	
11:00	
12:00	
1:00	
2:00	
3:00	
4:00	
5:00	
5:30	
6:00	Notes
6:30	
7:00	
7:30	
8:00	
8:30	
9:00	

PLAN

FOR

NEXT

DAY

WIN THE DAY Today is:

Time	
05:00	
05:30	
06:00	
06:30	
7:00	
7:30	
8:00	
8:30	
9:00	
10:00	
11:00	
12:00	
1:00	
2:00	
3:00	
4:00	
5:00	
5:30	
6:00	
6:30	
7:00	
7:30	
8:00	
8:30	
9:00	
PLAN	
FOR	
NEXT	
DAY	

Priorities:

Notes

WIN THE DAY Today is:

05:00

05:30

06:00

06:30

7:00

7:30

8:00

8:30

9:00

10:00

11:00

12:00

1:00

2:00

3:00

4:00

5:00

5:30

6:00

6:30

7:00

7:30

8:00

8:30

9:00

PLAN

FOR

NEXT

DAY

Priorities:

Notes

WIN THE DAY   Today is:

Time	
05:00	
05:30	
06:00	
06:30	
7:00	
7:30	
8:00	
8:30	
9:00	
10:00	
11:00	
12:00	
1:00	
2:00	
3:00	
4:00	
5:00	
5:30	
6:00	
6:30	
7:00	
7:30	
8:00	
8:30	
9:00	
PLAN	
FOR	
NEXT	
DAY	

Priorities:

Notes

WIN THE DAY Today is:

Time	
05:00	
05:30	
06:00	
06:30	
7:00	
7:30	
8:00	
8:30	
9:00	
10:00	
11:00	
12:00	
1:00	
2:00	
3:00	
4:00	
5:00	
5:30	
6:00	
6:30	
7:00	
7:30	
8:00	
8:30	
9:00	
PLAN	
FOR	
NEXT	
DAY	

Priorities:

Notes

WIN THE DAY   Today is:

Time	Priorities:
05:00	
05:30	
06:00	
06:30	
7:00	
7:30	
8:00	
8:30	
9:00	
10:00	
11:00	
12:00	
1:00	
2:00	
3:00	
4:00	
5:00	
5:30	
6:00	
6:30	
7:00	
7:30	
8:00	
8:30	
9:00	

PLAN

FOR

NEXT

DAY

Notes

WIN THE DAY   Today is:

Time		Priorities:
05:00		
05:30		
06:00		
06:30		
7:00		
7:30		
8:00		
8:30		
9:00		
10:00		
11:00		
12:00		
1:00		
2:00		
3:00		
4:00		

Notes

Time
5:00
5:30
6:00
6:30
7:00
7:30
8:00
8:30
9:00
PLAN
FOR
NEXT
DAY

WIN THE DAY   Today is:

05:00	**Priorities:**
05:30	
06:00	
06:30	
7:00	
7:30	
8:00	
8:30	
9:00	
10:00	
11:00	
12:00	
1:00	
2:00	
3:00	
4:00	
5:00	*Notes*
5:30	
6:00	
6:30	
7:00	
7:30	
8:00	
8:30	
9:00	
PLAN	
FOR	
NEXT	
DAY	

WIN THE DAY   Today is:

Priorities:

05:00

05:30

06:00

06:30

7:00

7:30

8:00

8:30

9:00

10:00

11:00

12:00

1:00

2:00

3:00

4:00

5:00

5:30

6:00

6:30

7:00

7:30

8:00

8:30

9:00

PLAN

FOR

NEXT

DAY

Notes

WIN THE DAY Today is:

05:00	*Priorities:*
05:30	
06:00	
06:30	
7:00	
7:30	
8:00	
8:30	
9:00	
10:00	
11:00	
12:00	
1:00	
2:00	
3:00	
4:00	
5:00	*Notes*
5:30	
6:00	
6:30	
7:00	
7:30	
8:00	
8:30	
9:00	
PLAN	
FOR	
NEXT	
DAY	

WIN THE DAY   Today is:

05:00	**Priorities:**
05:30	
06:00	
06:30	
7:00	
7:30	
8:00	
8:30	
9:00	
10:00	
11:00	
12:00	
1:00	
2:00	
3:00	
4:00	
5:00	*Notes*
5:30	
6:00	
6:30	
7:00	
7:30	
8:00	
8:30	
9:00	
PLAN	
FOR	
NEXT	
DAY	

WIN THE DAY   Today is:

Priorities:

05:00

05:30

06:00

06:30

7:00

7:30

8:00

8:30

9:00

10:00

11:00

12:00

1:00

2:00

3:00

4:00

5:00

5:30

6:00

6:30

7:00

7:30

8:00

8:30

9:00

PLAN

FOR

NEXT

DAY

Notes

WIN THE DAY   Today is:

05:00
05:30
06:00
06:30
7:00
7:30
8:00
8:30
9:00
10:00
11:00
12:00
1:00
2:00
3:00
4:00
5:00
5:30
6:00
6:30
7:00
7:30
8:00
8:30
9:00
PLAN
FOR
NEXT
DAY

Priorities:

Notes

WIN THE DAY   Today is:

05:00

05:30

06:00

06:30

7:00

7:30

8:00

8:30

9:00

10:00

11:00

12:00

1:00

2:00

3:00

4:00

5:00

5:30

6:00

6:30

7:00

7:30

8:00

8:30

9:00

PLAN

FOR

NEXT

DAY

Priorities:

Notes

WIN THE DAY Today is:

Priorities:

Time	
05:00	
05:30	
06:00	
06:30	
7:00	
7:30	
8:00	
8:30	
9:00	
10:00	
11:00	
12:00	
1:00	
2:00	
3:00	
4:00	
5:00	
5:30	
6:00	
6:30	
7:00	
7:30	
8:00	
8:30	
9:00	

PLAN
FOR
NEXT
DAY

Notes

WIN THE DAY   Today is:

	Priorities:
05:00	
05:30	
06:00	
06:30	
7:00	
7:30	
8:00	
8:30	
9:00	
10:00	
11:00	
12:00	
1:00	
2:00	
3:00	
4:00	
5:00	*Notes*
5:30	
6:00	
6:30	
7:00	
7:30	
8:00	
8:30	
9:00	
PLAN	
FOR	
NEXT	
DAY	

WIN THE DAY Today is:

	Priorities:
05:00	
05:30	
06:00	
06:30	
7:00	
7:30	
8:00	
8:30	
9:00	
10:00	
11:00	
12:00	
1:00	
2:00	
3:00	
4:00	
5:00	*Notes*
5:30	
6:00	
6:30	
7:00	
7:30	
8:00	
8:30	
9:00	
PLAN	
FOR	
NEXT	
DAY	

WIN THE DAY   Today is:

	Priorities:
05:00	
05:30	
06:00	
06:30	
7:00	
7:30	
8:00	
8:30	
9:00	
10:00	
11:00	
12:00	
1:00	
2:00	
3:00	
4:00	
5:00	*Notes*
5:30	
6:00	
6:30	
7:00	
7:30	
8:00	
8:30	
9:00	
PLAN	
FOR	
NEXT	
DAY	

WIN THE DAY Today is:

05:00

05:30

06:00

06:30

7:00

7:30

8:00

8:30

9:00

10:00

11:00

12:00

1:00

2:00

3:00

4:00

5:00

5:30

6:00

6:30

7:00

7:30

8:00

8:30

9:00

PLAN

FOR

NEXT

DAY

Priorities:

Notes

WIN THE DAY   Today is:

Priorities:

Time	
05:00	
05:30	
06:00	
06:30	
7:00	
7:30	
8:00	
8:30	
9:00	
10:00	
11:00	
12:00	
1:00	
2:00	
3:00	
4:00	
5:00	
5:30	
6:00	
6:30	
7:00	
7:30	
8:00	
8:30	
9:00	

PLAN

FOR

NEXT

DAY

Notes

WIN THE DAY Today is:

05:00	Priorities:
05:30	
06:00	
06:30	
7:00	
7:30	
8:00	
8:30	
9:00	
10:00	
11:00	
12:00	
1:00	
2:00	
3:00	
4:00	
5:00	Notes
5:30	
6:00	
6:30	
7:00	
7:30	
8:00	
8:30	
9:00	
PLAN	
FOR	
NEXT	
DAY	

WIN THE DAY Today is:

	Priorities:
05:00	
05:30	
06:00	
06:30	
7:00	
7:30	
8:00	
8:30	
9:00	
10:00	
11:00	
12:00	
1:00	
2:00	
3:00	
4:00	
5:00	*Notes*
5:30	
6:00	
6:30	
7:00	
7:30	
8:00	
8:30	
9:00	
PLAN	
FOR	
NEXT	
DAY	

WIN THE DAY Today is:

	Priorities:
05:00	
05:30	
06:00	
06:30	
7:00	
7:30	
8:00	
8:30	
9:00	
10:00	
11:00	
12:00	
1:00	
2:00	
3:00	
4:00	
5:00	*Notes*
5:30	
6:00	
6:30	
7:00	
7:30	
8:00	
8:30	
9:00	
PLAN	
FOR	
NEXT	
DAY	

WIN THE DAY Today is:

	Priorities:
05:00	
05:30	
06:00	
06:30	
7:00	
7:30	
8:00	
8:30	
9:00	
10:00	
11:00	
12:00	
1:00	
2:00	
3:00	
4:00	
5:00	*Notes*
5:30	
6:00	
6:30	
7:00	
7:30	
8:00	
8:30	
9:00	
PLAN	
FOR	
NEXT	
DAY	

WIN THE DAY   Today is:

05:00

05:30

06:00

06:30

7:00

7:30

8:00

8:30

9:00

10:00

11:00

12:00

1:00

2:00

3:00

4:00

5:00

5:30

6:00

6:30

7:00

7:30

8:00

8:30

9:00

PLAN

FOR

NEXT

DAY

Priorities:

Notes

WIN THE DAY   Today is:

Time	
05:00	
05:30	
06:00	
06:30	
7:00	
7:30	
8:00	
8:30	
9:00	
10:00	
11:00	
12:00	
1:00	
2:00	
3:00	
4:00	
5:00	
5:30	
6:00	
6:30	
7:00	
7:30	
8:00	
8:30	
9:00	
PLAN	
FOR	
NEXT	
DAY	

Priorities:

Notes

WIN THE DAY   Today is:

Priorities:

05:00

05:30

06:00

06:30

7:00

7:30

8:00

8:30

9:00

10:00

11:00

12:00

1:00

2:00

3:00

4:00

5:00

5:30

6:00

6:30

7:00

7:30

8:00

8:30

9:00

PLAN

FOR

NEXT

DAY

Notes

WIN THE DAY   Today is:

	Priorities:
05:00	
05:30	
06:00	
06:30	
7:00	
7:30	
8:00	
8:30	
9:00	
10:00	
11:00	
12:00	
1:00	
2:00	
3:00	
4:00	
5:00	
5:30	*Notes*
6:00	
6:30	
7:00	
7:30	
8:00	
8:30	
9:00	
PLAN	
FOR	
NEXT	
DAY	

WIN THE DAY   Today is:

	Priorities:
05:00	
05:30	
06:00	
06:30	
7:00	
7:30	
8:00	
8:30	
9:00	
10:00	
11:00	
12:00	
1:00	
2:00	
3:00	
4:00	
5:00	
5:30	Notes
6:00	
6:30	
7:00	
7:30	
8:00	
8:30	
9:00	
PLAN	
FOR	
NEXT	
DAY	

WIN THE DAY Today is:

05:00

05:30

06:00

06:30

7:00

7:30

8:00

8:30

9:00

10:00

11:00

12:00

1:00

2:00

3:00

4:00

5:00

5:30

6:00

6:30

7:00

7:30

8:00

8:30

9:00

PLAN

FOR

NEXT

DAY

Priorities:

Notes

WIN THE DAY Today is:

05:00	*Priorities:*
05:30	
06:00	
06:30	
7:00	
7:30	
8:00	
8:30	
9:00	
10:00	
11:00	
12:00	
1:00	
2:00	
3:00	
4:00	
5:00	*Notes*
5:30	
6:00	
6:30	
7:00	
7:30	
8:00	
8:30	
9:00	

PLAN

FOR

NEXT

DAY

WIN THE DAY   Today is:

05:00
05:30
06:00
06:30
7:00
7:30
8:00
8:30
9:00
10:00
11:00
12:00
1:00
2:00
3:00
4:00
5:00
5:30
6:00
6:30
7:00
7:30
8:00
8:30
9:00
PLAN
FOR
NEXT
DAY

Priorities:

Notes

WIN THE DAY   Today is:

Time	
05:00	
05:30	
06:00	
06:30	
7:00	
7:30	
8:00	
8:30	
9:00	
10:00	
11:00	
12:00	
1:00	
2:00	
3:00	
4:00	
5:00	
5:30	
6:00	
6:30	
7:00	
7:30	
8:00	
8:30	
9:00	
PLAN	
FOR	
NEXT	
DAY	

Priorities:

Notes

WIN THE DAY Today is:

05:00

05:30

06:00

06:30

7:00

7:30

8:00

8:30

9:00

10:00

11:00

12:00

1:00

2:00

3:00

4:00

5:00

5:30

6:00

6:30

7:00

7:30

8:00

8:30

9:00

PLAN

FOR

NEXT

DAY

Priorities:

Notes

WIN THE DAY Today is:

05:00

05:30

06:00

06:30

7:00

7:30

8:00

8:30

9:00

10:00

11:00

12:00

1:00

2:00

3:00

4:00

5:00

5:30

6:00

6:30

7:00

7:30

8:00

8:30

9:00

PLAN

FOR

NEXT

DAY

Priorities:

Notes

WIN THE DAY   Today is:

05:00

05:30

06:00

06:30

7:00

7:30

8:00

8:30

9:00

10:00

11:00

12:00

1:00

2:00

3:00

4:00

5:00

5:30

6:00

6:30

7:00

7:30

8:00

8:30

9:00

PLAN

FOR

NEXT

DAY

Priorities:

Notes

WIN THE DAY   Today is:

	Priorities:
05:00	
05:30	
06:00	
06:30	
7:00	
7:30	
8:00	
8:30	
9:00	
10:00	
11:00	
12:00	
1:00	
2:00	
3:00	
4:00	
5:00	
5:30	*Notes*
6:00	
6:30	
7:00	
7:30	
8:00	
8:30	
9:00	
PLAN	
FOR	
NEXT	
DAY	

WIN THE DAY   Today is:

Priorities:

05:00
05:30
06:00
06:30
7:00
7:30
8:00
8:30
9:00
10:00
11:00
12:00
1:00
2:00
3:00
4:00
5:00
5:30
6:00
6:30
7:00
7:30
8:00
8:30
9:00
PLAN
FOR
NEXT
DAY

Notes

WIN THE DAY   Today is:

Schedule	Priorities:
05:00	
05:30	
06:00	
06:30	
7:00	
7:30	
8:00	
8:30	
9:00	
10:00	
11:00	
12:00	
1:00	
2:00	
3:00	
4:00	
5:00	*Notes*
5:30	
6:00	
6:30	
7:00	
7:30	
8:00	
8:30	
9:00	
PLAN	
FOR	
NEXT	
DAY	

WIN THE DAY   Today is:

	Priorities:
05:00	
05:30	
06:00	
06:30	
7:00	
7:30	
8:00	
8:30	
9:00	
10:00	
11:00	
12:00	
1:00	
2:00	
3:00	
4:00	
5:00	*Notes*
5:30	
6:00	
6:30	
7:00	
7:30	
8:00	
8:30	
9:00	
PLAN	
FOR	
NEXT	
DAY	

WIN THE DAY Today is:

05:00
05:30
06:00
06:30
7:00
7:30
8:00
8:30
9:00
10:00
11:00
12:00
1:00
2:00
3:00
4:00
5:00
5:30
6:00
6:30
7:00
7:30
8:00
8:30
9:00
PLAN
FOR
NEXT
DAY

Priorities:

Notes

WIN THE DAY   Today is:

Priorities:

05:00

05:30

06:00

06:30

7:00

7:30

8:00

8:30

9:00

10:00

11:00

12:00

1:00

2:00

3:00

4:00

5:00

5:30

6:00

6:30

7:00

7:30

8:00

8:30

9:00

PLAN

FOR

NEXT

DAY

Notes

WIN THE DAY   Today is:

05:00

05:30

06:00

06:30

7:00

7:30

8:00

8:30

9:00

10:00

11:00

12:00

1:00

2:00

3:00

4:00

5:00

5:30

6:00

6:30

7:00

7:30

8:00

8:30

9:00

PLAN

FOR

NEXT

DAY

Priorities:

Notes

WIN THE DAY   Today is:

	Priorities:
05:00	
05:30	
06:00	
06:30	
7:00	
7:30	
8:00	
8:30	
9:00	
10:00	
11:00	
12:00	
1:00	
2:00	
3:00	
4:00	
5:00	*Notes*
5:30	
6:00	
6:30	
7:00	
7:30	
8:00	
8:30	
9:00	
PLAN	
FOR	
NEXT	
DAY	

WIN THE DAY   Today is:

Time	
05:00	
05:30	
06:00	
06:30	
7:00	
7:30	
8:00	
8:30	
9:00	
10:00	
11:00	
12:00	
1:00	
2:00	
3:00	
4:00	
5:00	
5:30	
6:00	
6:30	
7:00	
7:30	
8:00	
8:30	
9:00	

PLAN

FOR

NEXT

DAY

Priorities:

Notes

WIN THE DAY Today is:

05:00

05:30

06:00

06:30

7:00

7:30

8:00

8:30

9:00

10:00

11:00

12:00

1:00

2:00

3:00

4:00

5:00

5:30

6:00

6:30

7:00

7:30

8:00

8:30

9:00

PLAN

FOR

NEXT

DAY

Priorities:

Notes

WIN THE DAY   Today is:

05:00

05:30

06:00

06:30

7:00

7:30

8:00

8:30

9:00

10:00

11:00

12:00

1:00

2:00

3:00

4:00

5:00

5:30

6:00

6:30

7:00

7:30

8:00

8:30

9:00

PLAN

FOR

NEXT

DAY

Priorities:

Notes

WIN THE DAY   Today is:

05:00	**Priorities:**
05:30	
06:00	
06:30	
7:00	
7:30	
8:00	
8:30	
9:00	
10:00	
11:00	
12:00	
1:00	
2:00	
3:00	
4:00	
5:00	*Notes*
5:30	
6:00	
6:30	
7:00	
7:30	
8:00	
8:30	
9:00	
PLAN	
FOR	
NEXT	
DAY	

WIN THE DAY   Today is:

	Priorities:
05:00	
05:30	
06:00	
06:30	
7:00	
7:30	
8:00	
8:30	
9:00	
10:00	
11:00	
12:00	
1:00	
2:00	
3:00	
4:00	
5:00	*Notes*
5:30	
6:00	
6:30	
7:00	
7:30	
8:00	
8:30	
9:00	
PLAN	
FOR	
NEXT	
DAY	

WIN THE DAY   Today is:

	Priorities:
05:00	
05:30	
06:00	
06:30	
7:00	
7:30	
8:00	
8:30	
9:00	
10:00	
11:00	
12:00	
1:00	
2:00	
3:00	
4:00	
5:00	Notes
5:30	
6:00	
6:30	
7:00	
7:30	
8:00	
8:30	
9:00	
PLAN	
FOR	
NEXT	
DAY	

WIN THE DAY   Today is:

Priorities:

05:00

05:30

06:00

06:30

7:00

7:30

8:00

8:30

9:00

10:00

11:00

12:00

1:00

2:00

3:00

4:00

5:00

5:30

6:00

6:30

7:00

7:30

8:00

8:30

9:00

PLAN

FOR

NEXT

DAY

Notes

WIN THE DAY   Today is:

05:00

05:30

06:00

06:30

7:00

7:30

8:00

8:30

9:00

10:00

11:00

12:00

1:00

2:00

3:00

4:00

5:00

5:30

6:00

6:30

7:00

7:30

8:00

8:30

9:00

PLAN

FOR

NEXT

DAY

Priorities:

Notes

WIN THE DAY   Today is:

05:00

05:30

06:00

06:30

7:00

7:30

8:00

8:30

9:00

10:00

11:00

12:00

1:00

2:00

3:00

4:00

5:00

5:30

6:00

6:30

7:00

7:30

8:00

8:30

9:00

PLAN

FOR

NEXT

DAY

Priorities:

Notes

WIN THE DAY Today is:

05:00	**Priorities:**
05:30	
06:00	
06:30	
7:00	
7:30	
8:00	
8:30	
9:00	
10:00	
11:00	
12:00	
1:00	
2:00	
3:00	
4:00	
5:00	*Notes*
5:30	
6:00	
6:30	
7:00	
7:30	
8:00	
8:30	
9:00	
PLAN	
FOR	
NEXT	
DAY	

WIN THE DAY   Today is:

Time		Priorities:
05:00		
05:30		
06:00		
06:30		
7:00		
7:30		
8:00		
8:30		
9:00		
10:00		
11:00		
12:00		
1:00		
2:00		
3:00		
4:00		
5:00		*Notes*
5:30		
6:00		
6:30		
7:00		
7:30		
8:00		
8:30		
9:00		
PLAN		
FOR		
NEXT		
DAY		

WIN THE DAY Today is:

05:00

05:30

06:00

06:30

7:00

7:30

8:00

8:30

9:00

10:00

11:00

12:00

1:00

2:00

3:00

4:00

5:00

5:30

6:00

6:30

7:00

7:30

8:00

8:30

9:00

PLAN

FOR

NEXT

DAY

Priorities:

Notes

WIN THE DAY Today is:

Time		Priorities:
05:00		
05:30		
06:00		
06:30		
7:00		
7:30		
8:00		
8:30		
9:00		
10:00		
11:00		
12:00		
1:00		
2:00		
3:00		
4:00		
5:00		*Notes*
5:30		
6:00		
6:30		
7:00		
7:30		
8:00		
8:30		
9:00		
PLAN		
FOR		
NEXT		
DAY		

WIN THE DAY   Today is:

	Priorities:
05:00	
05:30	
06:00	
06:30	
7:00	
7:30	
8:00	
8:30	
9:00	
10:00	
11:00	
12:00	
1:00	
2:00	
3:00	
4:00	
5:00	*Notes*
5:30	
6:00	
6:30	
7:00	
7:30	
8:00	
8:30	
9:00	
PLAN	
FOR	
NEXT	
DAY	

WIN THE DAY   Today is:

05:00

05:30

06:00

06:30

7:00

7:30

8:00

8:30

9:00

10:00

11:00

12:00

1:00

2:00

3:00

4:00

5:00

5:30

6:00

6:30

7:00

7:30

8:00

8:30

9:00

PLAN

FOR

NEXT

DAY

Priorities:

Notes

WIN THE DAY   Today is:

Time		Priorities:
05:00		
05:30		
06:00		
06:30		
7:00		
7:30		
8:00		
8:30		
9:00		
10:00		
11:00		
12:00		
1:00		
2:00		
3:00		
4:00		
5:00		
5:30		
6:00		
6:30		
7:00		
7:30		
8:00		
8:30		
9:00		

Notes

PLAN

FOR

NEXT

DAY

WIN THE DAY Today is:

Priorities:

05:00

05:30

06:00

06:30

7:00

7:30

8:00

8:30

9:00

10:00

11:00

12:00

1:00

2:00

3:00

4:00

5:00

5:30

6:00

6:30

7:00

7:30

8:00

8:30

9:00

PLAN

FOR

NEXT

DAY

Notes

WIN THE DAY Today is:

	Priorities:
05:00	
05:30	
06:00	
06:30	
7:00	
7:30	
8:00	
8:30	
9:00	
10:00	
11:00	
12:00	
1:00	
2:00	
3:00	
4:00	
5:00	*Notes*
5:30	
6:00	
6:30	
7:00	
7:30	
8:00	
8:30	
9:00	
PLAN	
FOR	
NEXT	
DAY	

WIN THE DAY   Today is:

05:00	**Priorities:**
05:30	
06:00	
06:30	
7:00	
7:30	
8:00	
8:30	
9:00	
10:00	
11:00	
12:00	
1:00	
2:00	
3:00	
4:00	
5:00	*Notes*
5:30	
6:00	
6:30	
7:00	
7:30	
8:00	
8:30	
9:00	
PLAN	
FOR	
NEXT	
DAY	

WIN THE DAY   Today is:

	Priorities:
05:00	
05:30	
06:00	
06:30	
7:00	
7:30	
8:00	
8:30	
9:00	
10:00	
11:00	
12:00	
1:00	
2:00	
3:00	
4:00	
5:00	*Notes*
5:30	
6:00	
6:30	
7:00	
7:30	
8:00	
8:30	
9:00	
PLAN	
FOR	
NEXT	
DAY	

WIN THE DAY   Today is:

Priorities:

Time	
05:00	
05:30	
06:00	
06:30	
7:00	
7:30	
8:00	
8:30	
9:00	
10:00	
11:00	
12:00	
1:00	
2:00	
3:00	
4:00	
5:00	
5:30	
6:00	
6:30	
7:00	
7:30	
8:00	
8:30	
9:00	
PLAN	
FOR	
NEXT	
DAY	

Notes

WIN THE DAY   Today is:

05:00

05:30

06:00

06:30

7:00

7:30

8:00

8:30

9:00

10:00

11:00

12:00

1:00

2:00

3:00

4:00

5:00

5:30

6:00

6:30

7:00

7:30

8:00

8:30

9:00

PLAN

FOR

NEXT

DAY

Priorities:

Notes

WIN THE DAY Today is:

Time	
05:00	
05:30	
06:00	
06:30	
7:00	
7:30	
8:00	
8:30	
9:00	
10:00	
11:00	
12:00	
1:00	
2:00	
3:00	
4:00	
5:00	
5:30	
6:00	
6:30	
7:00	
7:30	
8:00	
8:30	
9:00	

PLAN

FOR

NEXT

DAY

Priorities:

Notes

WIN THE DAY Today is:

05:00	**Priorities:**
05:30	
06:00	
06:30	
7:00	
7:30	
8:00	
8:30	
9:00	
10:00	
11:00	
12:00	
1:00	
2:00	
3:00	
4:00	
5:00	*Notes*
5:30	
6:00	
6:30	
7:00	
7:30	
8:00	
8:30	
9:00	
PLAN	
FOR	
NEXT	
DAY	

WIN THE DAY Today is:

Time		Priorities:
05:00		
05:30		
06:00		
06:30		
7:00		
7:30		
8:00		
8:30		
9:00		
10:00		
11:00		
12:00		
1:00		
2:00		
3:00		
4:00		
5:00		*Notes*
5:30		
6:00		
6:30		
7:00		
7:30		
8:00		
8:30		
9:00		
PLAN		
FOR		
NEXT		
DAY		

WIN THE DAY Today is:

05:00	*Priorities:*
05:30	
06:00	
06:30	
7:00	
7:30	
8:00	
8:30	
9:00	
10:00	
11:00	
12:00	
1:00	
2:00	
3:00	
4:00	
5:00	*Notes*
5:30	
6:00	
6:30	
7:00	
7:30	
8:00	
8:30	
9:00	
PLAN	
FOR	
NEXT	
DAY	

WIN THE DAY   Today is:

	Priorities:
05:00	
05:30	
06:00	
06:30	
7:00	
7:30	
8:00	
8:30	
9:00	
10:00	
11:00	
12:00	
1:00	
2:00	
3:00	
4:00	
5:00	
5:30	*Notes*
6:00	
6:30	
7:00	
7:30	
8:00	
8:30	
9:00	

PLAN

FOR

NEXT

DAY

WIN THE DAY Today is:

05:00

05:30

06:00

06:30

7:00

7:30

8:00

8:30

9:00

10:00

11:00

12:00

1:00

2:00

3:00

4:00

5:00

5:30

6:00

6:30

7:00

7:30

8:00

8:30

9:00

PLAN

FOR

NEXT

DAY

Priorities:

Notes

WIN THE DAY   Today is:

	Priorities:
05:00	
05:30	
06:00	
06:30	
7:00	
7:30	
8:00	
8:30	
9:00	
10:00	
11:00	
12:00	
1:00	
2:00	
3:00	
4:00	
5:00	*Notes*
5:30	
6:00	
6:30	
7:00	
7:30	
8:00	
8:30	
9:00	
PLAN	
FOR	
NEXT	
DAY	

WIN THE DAY   Today is:

Priorities:

05:00

05:30

06:00

06:30

7:00

7:30

8:00

8:30

9:00

10:00

11:00

12:00

1:00

2:00

3:00

4:00

5:00

5:30

6:00

6:30

7:00

7:30

8:00

8:30

9:00

PLAN

FOR

NEXT

DAY

Notes

WIN THE DAY   Today is:

Time		Priorities:
05:00		
05:30		
06:00		
06:30		
7:00		
7:30		
8:00		
8:30		
9:00		
10:00		
11:00		
12:00		
1:00		
2:00		
3:00		
4:00		
5:00		*Notes*
5:30		
6:00		
6:30		
7:00		
7:30		
8:00		
8:30		
9:00		

PLAN

FOR

NEXT

DAY

WIN THE DAY   Today is:

05:00	
05:30	
06:00	
06:30	
7:00	
7:30	
8:00	
8:30	
9:00	
10:00	
11:00	
12:00	
1:00	
2:00	
3:00	
4:00	
5:00	
5:30	
6:00	
6:30	
7:00	
7:30	
8:00	
8:30	
9:00	

PLAN
FOR
NEXT
DAY

Priorities:

Notes

WIN THE DAY   Today is:

05:00	**Priorities:**
05:30	
06:00	
06:30	
7:00	
7:30	
8:00	
8:30	
9:00	
10:00	
11:00	
12:00	
1:00	
2:00	
3:00	
4:00	
5:00	*Notes*
5:30	
6:00	
6:30	
7:00	
7:30	
8:00	
8:30	
9:00	
PLAN	
FOR	
NEXT	
DAY	

WIN THE DAY   Today is:

05:00	**Priorities:**
05:30	
06:00	
06:30	
7:00	
7:30	
8:00	
8:30	
9:00	
10:00	
11:00	
12:00	
1:00	
2:00	
3:00	
4:00	
5:00	*Notes*
5:30	
6:00	
6:30	
7:00	
7:30	
8:00	
8:30	
9:00	
PLAN	
FOR	
NEXT	
DAY	

WIN THE DAY Today is:

05:00

05:30

06:00

06:30

7:00

7:30

8:00

8:30

9:00

10:00

11:00

12:00

1:00

2:00

3:00

4:00

5:00

5:30

6:00

6:30

7:00

7:30

8:00

8:30

9:00

PLAN

FOR

NEXT

DAY

Priorities:

Notes

WIN THE DAY   Today is:

Time		Priorities:
05:00		
05:30		
06:00		
06:30		
7:00		
7:30		
8:00		
8:30		
9:00		
10:00		
11:00		
12:00		
1:00		
2:00		
3:00		
4:00		
5:00		
5:30		
6:00		
6:30		
7:00		
7:30		
8:00		
8:30		
9:00		
PLAN		
FOR		
NEXT		
DAY		

Notes

WIN THE DAY   Today is:

05:00

05:30

06:00

06:30

7:00

7:30

8:00

8:30

9:00

10:00

11:00

12:00

1:00

2:00

3:00

4:00

5:00

5:30

6:00

6:30

7:00

7:30

8:00

8:30

9:00

PLAN

FOR

NEXT

DAY

Priorities:

Notes

WIN THE DAY   Today is:

05:00	*Priorities:*
05:30	
06:00	
06:30	
7:00	
7:30	
8:00	
8:30	
9:00	
10:00	
11:00	
12:00	
1:00	
2:00	
3:00	
4:00	
5:00	*Notes*
5:30	
6:00	
6:30	
7:00	
7:30	
8:00	
8:30	
9:00	
PLAN	
FOR	
NEXT	
DAY	

WIN THE DAY Today is:

05:00	*Priorities:*
05:30	
06:00	
06:30	
7:00	
7:30	
8:00	
8:30	
9:00	
10:00	
11:00	
12:00	
1:00	
2:00	
3:00	
4:00	
5:00	*Notes*
5:30	
6:00	
6:30	
7:00	
7:30	
8:00	
8:30	
9:00	
PLAN	
FOR	
NEXT	
DAY	

WIN THE DAY   Today is:

Time	
05:00	
05:30	
06:00	
06:30	
7:00	
7:30	
8:00	
8:30	
9:00	
10:00	
11:00	
12:00	
1:00	
2:00	
3:00	
4:00	
5:00	
5:30	
6:00	
6:30	
7:00	
7:30	
8:00	
8:30	
9:00	
PLAN	
FOR	
NEXT	
DAY	

Priorities:

Notes

WIN THE DAY Today is:

	Priorities:
05:00	
05:30	
06:00	
06:30	
7:00	
7:30	
8:00	
8:30	
9:00	
10:00	
11:00	
12:00	
1:00	
2:00	
3:00	
4:00	
5:00	*Notes*
5:30	
6:00	
6:30	
7:00	
7:30	
8:00	
8:30	
9:00	
PLAN	
FOR	
NEXT	
DAY	

WIN THE DAY Today is:

05:00	
05:30	
06:00	
06:30	
7:00	
7:30	
8:00	
8:30	
9:00	
10:00	
11:00	
12:00	
1:00	
2:00	
3:00	
4:00	
5:00	
5:30	
6:00	
6:30	
7:00	
7:30	
8:00	
8:30	
9:00	
PLAN	
FOR	
NEXT	
DAY	

Priorities:

Notes

WIN THE DAY   Today is:

Time	
05:00	
05:30	
06:00	
06:30	
7:00	
7:30	
8:00	
8:30	
9:00	
10:00	
11:00	
12:00	
1:00	
2:00	
3:00	
4:00	
5:00	
5:30	
6:00	
6:30	
7:00	
7:30	
8:00	
8:30	
9:00	
PLAN	
FOR	
NEXT	
DAY	

Priorities:

Notes

WIN THE DAY Today is:

05:00

05:30

06:00

06:30

7:00

7:30

8:00

8:30

9:00

10:00

11:00

12:00

1:00

2:00

3:00

4:00

5:00

5:30

6:00

6:30

7:00

7:30

8:00

8:30

9:00

PLAN

FOR

NEXT

DAY

Priorities:

Notes

WIN THE DAY Today is:

	Priorities:
05:00	
05:30	
06:00	
06:30	
7:00	
7:30	
8:00	
8:30	
9:00	
10:00	
11:00	
12:00	
1:00	
2:00	
3:00	
4:00	
5:00	*Notes*
5:30	
6:00	
6:30	
7:00	
7:30	
8:00	
8:30	
9:00	
PLAN	
FOR	
NEXT	
DAY	

WIN THE DAY   Today is:

	Priorities:
05:00	
05:30	
06:00	
06:30	
7:00	
7:30	
8:00	
8:30	
9:00	
10:00	
11:00	
12:00	
1:00	
2:00	
3:00	
4:00	
5:00	
5:30	
6:00	
6:30	
7:00	
7:30	
8:00	
8:30	
9:00	

Notes

PLAN

FOR

NEXT

DAY

WIN THE DAY   Today is:

05:00	**Priorities:**
05:30	
06:00	
06:30	
7:00	
7:30	
8:00	
8:30	
9:00	
10:00	
11:00	
12:00	
1:00	
2:00	
3:00	
4:00	
5:00	*Notes*
5:30	
6:00	
6:30	
7:00	
7:30	
8:00	
8:30	
9:00	

PLAN

FOR

NEXT

DAY

WIN THE DAY   Today is:

05:00

05:30

06:00

06:30

7:00

7:30

8:00

8:30

9:00

10:00

11:00

12:00

1:00

2:00

3:00

4:00

5:00

5:30

6:00

6:30

7:00

7:30

8:00

8:30

9:00

PLAN

FOR

NEXT

DAY

Priorities:

Notes

WIN THE DAY Today is:

05:00	**Priorities:**
05:30	
06:00	
06:30	
7:00	
7:30	
8:00	
8:30	
9:00	
10:00	
11:00	
12:00	
1:00	
2:00	
3:00	
4:00	
5:00	*Notes*
5:30	
6:00	
6:30	
7:00	
7:30	
8:00	
8:30	
9:00	
PLAN	
FOR	
NEXT	
DAY	

WIN THE DAY   Today is:

Time		Priorities:
05:00		
05:30		
06:00		
06:30		
7:00		
7:30		
8:00		
8:30		
9:00		
10:00		
11:00		
12:00		
1:00		
2:00		
3:00		
4:00		
5:00		*Notes*
5:30		
6:00		
6:30		
7:00		
7:30		
8:00		
8:30		
9:00		

PLAN

FOR

NEXT

DAY

WIN THE DAY Today is:

05:00

05:30

06:00

06:30

7:00

7:30

8:00

8:30

9:00

10:00

11:00

12:00

1:00

2:00

3:00

4:00

5:00

5:30

6:00

6:30

7:00

7:30

8:00

8:30

9:00

PLAN

FOR

NEXT

DAY

Priorities:

Notes